Tucholsky Wagner Zola Scott Sydow Fonatne Freud Schlegel
Turgenev Wallace
Twain Walther von der Vogelweide Fouqué Friedrich II. von Preußen
Weber Freiligrath Frey
Fechner Fichte Weiße Rose von Fallersleben Kant Ernst Richthofen Frommel
Hölderlin
Fehrs Engels Fielding Eichendorff Tacitus Dumas
Faber Flaubert Eliasberg Ebner Eschenbach
Feuerbach Maximilian I. von Habsburg Fock Eliot Zweig
Ewald Vergil
Goethe Elisabeth von Österreich London
Mendelssohn Balzac Shakespeare Dostojewski Ganghofer
Trackl Stevenson Lichtenberg Rathenau Doyle Gjellerup
Mommsen Tolstoi Hambruch Lenz Droste-Hülshoff
Thoma Hanrieder
Dach Verne von Arnim Hägele Hauff Humboldt
Karrillon Reuter Rousseau Hagen Hauptmann Gautier
Garschin
Damaschke Defoe Hebbel Baudelaire
Descartes
Wolfram von Eschenbach Hegel Kussmaul Herder
Darwin Dickens Schopenhauer Rilke George
Bronner Melville Grimm Jerome
Campe Horváth Aristoteles Bebel Proust
Bismarck Vigny Barlach Voltaire Federer Herodot
Gengenbach Heine
Storm Casanova Lessing Tersteegen Gilm Grillparzer Georgy
Chamberlain Langbein Gryphius
Brentano Lafontaine
Strachwitz Claudius Schiller Kralik Iffland Sokrates
Bellamy Schilling
Katharina II. von Rußland Gerstäcker Raabe Gibbon Tschechow
Löns Hesse Hoffmann Gogol Wilde Gleim Vulpius
Luther Heym Hofmannsthal Klee Hölty Morgenstern
Roth Heyse Klopstock Kleist Goedicke
Luxemburg Puschkin Homer Mörike
La Roche Horaz Musil
Machiavelli Kierkegaard Kraft Kraus
Navarra Aurel Musset
Lamprecht Kind Kirchhoff Hugo Moltke
Nestroy Marie de France
Laotse Ipsen Liebknecht
Nietzsche Nansen
Marx Ringelnatz
Lassalle Gorki Klett Leibniz
von Ossietzky
May vom Stein Lawrence Irving
Petalozzi
Platon Knigge
Pückler Michelangelo Kafka
Sachs Poe Liebermann Kock
Korolenko
de Sade Praetorius Mistral Zetkin

Der Verlag tredition aus Hamburg veröffentlicht in der Reihe **TREDITION CLASSICS** Werke aus mehr als zwei Jahrtausenden. Diese waren zu einem Großteil vergriffen oder nur noch antiquarisch erhältlich.

Symbolfigur für **TREDITION CLASSICS** ist Johannes Gutenberg (1400 — 1468), der Erfinder des Buchdrucks mit Metalllettern und der Druckerpresse.

Mit der Buchreihe **TREDITION CLASSICS** verfolgt tredition das Ziel, tausende Klassiker der Weltliteratur verschiedener Sprachen wieder als gedruckte Bücher aufzulegen – und das weltweit!

Die Buchreihe dient zur Bewahrung der Literatur und Förderung der Kultur. Sie trägt so dazu bei, dass viele tausend Werke nicht in Vergessenheit geraten.

Der Teppich des Lebens und die Lieder von Traum und Tod

Stefan George

Impressum

Autor: Stefan George
Umschlagkonzept: toepferschumann, Berlin

Verlag: tredition GmbH, Hamburg
ISBN: 978-3-8472-3777-8
Printed in Germany

Text der Originalausgabe

Stefan George

Der Teppich des Lebens

STEFAN GEORGE: DER TEPPICH DES LEBENS UND DIE LIEDER VON TRAUM UND TOD MIT EINEM VORSPIEL

ZEHNTE AUFLAGE

GEORG BONDI
BERLIN · 1921

MELCHIOR LECHTER

VORREDE

Da diese allgemeine ausgabe den schmuck der ersten entbehren muss: zu den kostbaren einfassungen die bilder des über wolken thronenden engels der lebenergiessenden blumen und der harfe in der hand der lezten leidenschaft: so sei es mir vergönnt den erlauchten namen vor diese seiten zu schreiben der mit ihnen so eng verbunden ist und der sie auf immer ziere.

VORSPIEL

I

Ich forschte bleichen eifers nach dem horte
Nach strofen drinnen tiefste kümmerniss
Und dinge rollten dumpf und ungewiss –
Da traf ein nackter engel durch die pforte:

Entgegen trug er dem versenkten sinn
Der reichsten blumen last und nicht geringer
Als mandelblüten waren seine finger
Und rosen rosen waren um sein kinn.

Auf seinem haupte keine krone ragte
Und seine stimme fast der meinen glich:
Das schöne leben sendet mich an dich
Als boten: während er dies lächelnd sagte

Entfielen ihm die lilien und mimosen –
Und als ich sie zu haben mich gebückt
Da kniet auch ER · ich badete beglückt
Mein ganzes antlitz in den frischen rosen.

II

Gib mir den grossen feierlichen hauch
Gib jene glut mir wieder die verjünge
Mit denen einst der kindheit flügelschwünge
Sich hoben zu dem frühsten opferrauch.

Ich mag nicht atmen als in deinem duft.
Verschliess mich ganz in deinem heiligtume!
Von deinem reichen tisch nur eine krume!
So fleh ich heut aus meiner dunklen kluft.

Und ER: was jezt mein ohr so stürrnisch trifft
Sind wünsche die sich unentwirrbar streiten.

Gewährung eurer vielen Kostbarkeiten
Ist nicht mein amt · und meine ehrengift

Wird nicht im zwang errungen · dies erkenn!
Ich aber bog den arm an seinen knieen
Und aller wachen sehnsucht stimmen schrieen:
Ich lasse nicht · du segnetest mich denn.

III

In meinem leben rannen schlimme tage
Und manche töne hallten rauh und schrill.
Nun hält ein guter geist die rechte wage
Nun tu ich alles was der engel will.

Wenn auch noch oft an freudelosem ufer
Die seele bis zum schluchzen sich vergisst
Sie hört sogleich am ankerplatz den rufer:
Zu schönerm strand die segel aufgehisst!

Wenn mich aufs hohe meer geneigt ein neuer
Gewittersturm umtost vom wahne links
Vom tode rechts – so greift ER schnell das steuer
Der kräfte toben harrt des einen winks:

Gebietend schlichtet ER der wellen hader
Die wolken weichen reiner bläue dort..
Bald zieht auf glatten wassern dein geschwader
Zur stillen insel zum gelobten port.

IV

Zu lange dürst ich schon nach eurem glücke.
Dass mich des herren joch nicht mehr bedrücke!
Zu düster und zu einsam war sein dienst
Als du mir schmerzlichem am weg erschienst.

Er gebe mir die freiheit wieder · nehme
Die palmen und die starren diademe
– Versprechen einer neuen morgenblust –
Um dich! mit meiner stirn an deiner brust..

Da trat ER mir entgegen fahnenschwinger
Im herbstes-golde und er hob den finger
Und lenkte mich zurück in seinen bann
Mit einem ton wie einst den geist umspann

Beim märchen der antikischen Sirenen
Und mit dem langen schwermutblick der jenen
Des Meisters an dem see der heimat glich
Als er die jünger fragte: liebt ihr mich?

V

Du wirst nicht mehr die lauten fahrten preisen
Wo falsche flut gefährlich dich umstürmt
Und wo der abgrund schroffe felsen türmt
Um deren spitzen himmels adler kreisen.

In diesen einfachen gefilden lern
Den hauch der den zu kühlen frühling lindert
Und den begreifen der die schwüle mindert
Und ihrem kindesstammeln horche gern!

Du findest das geheimnis ewiger runen
In dieser halden strenger linienkunst
Nicht nur in mauermeeres zauberdunst.
»Schon lockt nicht mehr das Wunder der lagunen

Das allumworbene trümmergrosse Rom
Wie herber eichen duft und rebenblüten
Wie sie die Deines volkes hort behüten –
Wie Deine wogen – lebengrüner Strom!«

VI

Entsinne dich der schrecken die dir längst
Verschollen sind seit du mir eigen bleibst
Und nur durch mich der gluten kelch empfängst
Der dich berauschen wird solang du leibst.

Du danktest damals mir als grösste gunst
Dass dich mein friede nicht mehr schauen liess
Der trocknen sommer wilde feuersbrunst
Die heimatlos dich in die wüste stiess.

Als dir mein haus – so hoch – verächtlich war
»Nur diesen einen kurzen blick der wahl
Und ich verleugne lehre und altar«
So zischte durch die nacht dein ruf der qual.

Das opfer bäumte sich am herde auf
Der purpur zündete wie leichtes stroh
Und floss in flammen um der säulen knauf
Der ganze tempel wankte lichterloh.

VII

Ich bin freund und führer dir und ferge.
Nicht mehr mitzustreiten ziemt dir nun
Auch nicht mit den Weisen · hoch vom berge
Sollst du schaun wie sie im tale tun.

Weite menge siehst du rüstig traben
Laut ist ihr sich mühendes gewimmel:
Forscht die dinge nützet ihre gaben
Und ihr habt die welt als freudenhimmel.

Drüben schwärme folgen ernst im qualme
Einem bleichen mann auf weissem pferde
Mit verhaltnen gluten in dem psalme:
Kreuz du bleibst noch lang das licht der erde.

Eine kleine schar zieht stille bahnen
Stolz entfernt vom wirkenden getriebe
Und als losung steht auf ihren fahnen:
Hellas ewig unsre liebe.

VIII

Du sprichst mir nie von sünde oder sitte.
»Ihr meine schüler · sprossen von geblüt ·
Erkennt und kürt das edle unbemüht...
Auch heimlich bin ich richte eurer tritte.

So lieb ich dich: wie früher lehren spruch
Als märchen ehrend du in mittaglicher
Umgebung vor dich hinschaust · weges-sicher
Nicht weisst von scham von reue oder fluch.

Du wohntest viel in enger wahlgemeinde
Im lieben ohne maass und ohne lass
Vorm schicksal wenig klage wenig hass
Doch lange rache nährend wider feinde.

Und bei den taten denen weder lohn
Noch busse – die du strahlend rühmst vor freien
Und die nach volkes wahn zum himmel schreien
Da zuckte ich nur lächelnd: sohn! o sohn!«

IX

Nicht forsche welchem spruch das höchste lob
Und welchem sang der kranz gebührt am fest!
Was gestern sturm durch herbe felder schnob
Ist heut im lorbeerbusch geweihter west.

Bald war es leuchtende und reine saat
Kristalle die durch klaren morgen schien
Bald finster-ädrig fliessender achat
Dann wie ein heftig sprühender rubin.

Was als ein rieseln kam gelind und lau
In der verlassenen welkenden allee
Und mehr nicht als ein tropfen duftiger tau
Der von der blume fiel zum tiefen see:

Ward volle feuchte die den berg durchbrach
Und die in dunkelsten mittnächten dann
Als jäher strahl ins herz der felsen stach
Wie eine rote quelle sprang und rann.

X

Verweilst du in den traurigsten bezirken
Wo ruhmlos tat der starken wie der bleichen
Begraben wird so lenkt – wie ohn entweichen
Zu jeder lust der leib – mein ruf zum wirken.

Die klare antwort steigt mit meiner sonne
Wenn du dich fragst: nach welchem winde kehren
Wo greifen da sich alle fäden queren
Wo schöpfen da es quillt aus jedem bronne?

Und leidest du am zagemut der väter
Dass der gestalten wechselnd buntes schwirren
Und ihre überfülle dich verirren:
Vernichtet dich die weltenzahl im äther:

So komm zur stätte wo wir uns verbünden!
In meinem hain der weihe hallt es brausend:
Sind auch der dinge formen abertausend
Ist dir nur Eine – Meine – sie zu künden.

XI

Ihr bangt der Obern pracht nie mehr zu nennen
Wenn nicht auf schwerer stirn ihr blitz euch zückt
Der sich nicht rufen lässt .. die kinder flennen
Um selige stunde die so kurz nur schmückt.

Dann fleckt auf jedem wort der menge stempel
Der toren mund macht süsse laute schal
Ihr klagt: du ton der donner ton der tempel
Ergreifst du uns allmächtig noch einmal?

Es sanken haupt und hand der müden werker
Der stoff ward ungefüge spröd und kalt..
Da – ohne wunsch und zeichen – bricht im kerker
Ein streif wie schieres silber durch den spalt.

Es hebt sich leicht was eben dumpf und bleiern
Es blinkt geläutert was dem staub gezollt..
Ein bräutliches beginnliches entschleiern ..
Nun spricht der Ewige: ich will! ihr sollt!

XII

Wir die als fürsten wählen und verschmähn
Und welten heben aus den alten angeln
Wir sollen siech und todesmüde spähn
Und denken dass des höchsten wir ermangeln –

Dass wir der liebe treuste priester wol
Sie suchen müssen in verhülltem jammern
Die augen weit von wilden feuern hohl –
Und wenn wir endlich unser gut umklammern

Dass es gekrönt verehrt genossen kaum
Den sinnen wieder flüchtet fahl und mürbe..
All unsre götter schatten nur und schaum!
»Ich weise dass euer herz verblutend stürbe

Wenn ich den spruch nicht kennte der es stillt:
Da jedes bild vor dem ihr fleht und fliehet
Durch euch so gross ist und durch euch so gilt ..
Beweinet nicht zu sehr was ihr ihm liehet«

XIII

Seit jenem märchen wo ihr meine mündel
An leicht bewölktem sonnigem gestade
Geleitet wart auf schmale weisse pfade
Und lilien trugt und korn- und traubenbündel

Ist dir die Eine liebe unvergänglich..
So oft es auch in toll verschlungne äste
Und nebel lockte schwankender moräste
Und in das dickicht düster und verfänglich;

Du fühltest scheu wie vor dem ungestümen
Des wimmelnden und kämpfenden getreibes
Wie vor dem falschen maass unedlen leibes
Und übergliedern an den ungetümen.

Die frühe liebe blieb zum licht · zu holdlen
Geländen sanftem berg und schlanker pinie
Zur reinen farbe und zur klaren linie
Und zum geflüster aus den gartendolden.

XIV

Du stiegest ab von deinem hohen hause
Zum wege · manche freunde standen neben
Du suchtest unter ihnen deine klause
Und sahst dich um gleichwie in andrem leben.

Dich werden deine gipfel nicht mehr schützen
Doch wie seither in lauterstem gewande
Wirst du an deines nächsten arm dich stützen
Und bleibst wie vormals gast von fernem strande

Den vielen – die du immer meiden möchtest.
Vergeblich wäre wenn sie dich umschlängen
Und töricht wenn du zwischen ihnen föchtest.
Sie sind zu fremd in deines webens gängen.

Nur manchmal bricht aus ihnen edles feuer
Und offenbart dir dass ihr bund nicht schände.
Dann sprich: in starker schmerzgemeinschaft euer
Erfass ich eure brüderlichen hände.

XV

Dein geist zurück in jenes jahr geschwenkt
Begreift es heut nicht welche sternenmeilen
Vom ort dich trennten wo die menschen weilen
So dass sich jede stirne staunend senkt:

Als du die tempel bautest für das Vliess
Die bleiche pracht hienieden übertrafen
Und alles stumm war im verwunschnen hafen
Und gold die farbe aller träume hiess.

Da führte dich durch felsiges gerill
Bekannten pfad ein fruchtbeladner sommer
Die hänge lächelten dem frohen kommer
Gesichter grüssten wenn auch scheu und still.

Dies sind die wiesen mit geblühmtem sammt
Die schweren ähren auf den schwanken stengeln
Gesang der schnitter die die sensen dengeln..
Dir ruft die erde zu der ihr entstammt.

XVI

Dem markt und ufer gelte dein besuch
Der starken und der schlanken sehne schnellen
Der menge stürmen jauchzen lied und spruch
Der nackten glieder gleiten in den wellen.

Zu neuer form und farbe wird gedeihn
Der streit von mensch mit mensch und tier und erde
Der knaben sprung der mädchen ringelreihn
Und gang und tanz und zierliche geberde.

Doch ist wo du um tiefste schätze freist
Der freunde nächtiger raum · schon schweigt geplauder
Da bebt ein ton und eine miene kreist
Und schütteln mit der offenbarung schauder.

Da steigt das mächtige wort – ein grosses heil –
Ein stern der auf verborgenen furchen glimmert
Das wort von neuer lust und pein: ein pfeil
Der in die seele bricht und zuckt und flimmert.

XVII

Er darf nun reden wie herab vom äther
Der neue lichter zündete im nachten
Erlösung fand aus dumpfen lebens schmachten
Der lang verborgen als ein sichrer täter

Die welken erden hob durch neue glänze
Und seinen brüdern durch sein amt bedeutet
Wo sie vor allen wahren ruhm erbeutet
Und das geheimnis lehrte neuer tänze.

Ihm wird die ehre drum wie keinen thronen
Dem sich in froher huldigung ergaben
Die seherfrauen und die edlen knaben
– Die herrscher denen künftig völker frohnen.

So steigt allein den göttern opferbrodem
Wie ihm der heiligen jugend lobesstimme
Die über seine stufen höher klimme
In ihrem odem viel von seinem odem.

XVIII

Einst werden sie in deinen schluchten spüren
Was noch darin von deiner stimme dröhne.
»Ist dies der ort von klagen tränen schwüren!
O kleine tiefe und der eine höhne:

»Sind dies die so gelobten hügelspitzen
Mit ihrem freudenblick in fabellande?
Sind dies die wellen die verderblich spritzen?
Wir reichen mit dem finger bis zum sande«

Und jener wende sich von dir verdrossen:
»Er gab uns nur zu staunen und zu scheuen ·
Wie fernab diese menschentage sprossen!
Wie könnten wir uns ihrer früchte freuen«

So sind dir trost und beispiel höchste meister
Die attischen die reinsten gottesdiener
Der Nebel-inseln finstrer fürst der geister
Valclusas siedler und der Florentiner.

XIX

Zu wem als dir soll sie die blicke wenden
Die glühend Suchende der du zuerst
Die höhen wiesest und das glück bescherst
Das diese bunten tage nimmer senden?

Du gibst den rausch · sie schwebt zum ewigen tore
Erhoffter strahlen jauchzendem gemisch
Sie gleitet durch den saal zum göttiertisch
Erfüllung leuchtet · lösung schallt im chore.

Die unerreichte flur scheint ihr gewonnen
Sie überfliegt die klüfte mit dem aar
Sie schaltet mit der kleinen sterne schaar
Und stürzt entgegen väterlichen sonnen.

Nun musst du sie im irren hasten zügeln
Du beugest dich aus deiner wolkenstatt
Und hüllst die zitternd ist und freude-satt
Getreuer geist! mit schweren traumesflügeln.

XX

Ihr ist als ob bei jeder zeitenkehr
Sie mehr nur hungre nach der heiligen zehr
Verstossen von dem flor der ufer-bänke
Im strom des grams nur immer tiefer sänke

Verlassen von den leitern ihrer bahn
Der Venus heller fackel und dem Schwan
Gefährdet gar vom glanzumflossenen gotte
Und taumelnd wie die licht-versengte motte.

Da sinnt sie nach: wenn ein verglühter kien
Der tag ein end und ein begräbnis schien
In immer schwärzere nebel sich verdichtend:
Noch niemals blieb der morgen aus der lichtend

Das tal ihr wieder wies das duftig bläut
Wo heimlich singen und ein tief geläut
Und ein gesicht aus maienbüschen lugend
Ihr riefen: sieh dich noch mit deiner jugend!

XXI

Solang noch farbenrauch den berg verklärte
Fand ich auf meinem zuge leicht die fährte
Und manche stimme kannt ich im geheg ·
Nun ist es stumm auf grauem abendsteg.

Nun schreitet niemand der für kurze strecke
Desselben ganges in mir hoffnung wecke
Mit noch so kleinem troste mir begehr ·
So ganz im dunkel wallt kein wandrer mehr.

Und mit des endes ton – dem lied der grille –
Geht auch erinnrung sterben in der stille.
Ein fahler dunst um kalte wälder braut
Verwischt die pfade ohne licht und laut.

Ein grabesodem steigt aus feuchtem bühle
Wo alle schlummern müssen · doch ich fühle
DEIN wehen noch das wieder glut entfacht
Und deine grosse liebe die noch wacht.

XXII

So werd ich immer harren und verschmachten
Die sonne steigt noch · meine fahrt wird schlimm.
»Gepeinigt wärest du von gleichem trachten
Auch wenn ich heut dir sagte: komm und nimm!

Denn du gedeihst in kämpfen die dir ziemen
Du weisst dass stets ein linder balsam fliesst
Von meinem munde auf die blutigen striemen
Doch ist dir niemand der sie dauernd schliesst«

Und die verehrend an mein knie getastet
Und die ich lenke mit dem fingerzeig
Und deren haupt an meiner brust gerastet?
»Die jünger lieben doch sind schwach und feig«

So ring ich bis ans end allein? so weit ich
Niemals versenkt im arm der treue? Sprich!
»Du machst dass ich vor mitleid zittre · freilich
Ist keiner der dir bleibt · nur du und ich«

XXIII

Wir sind dieselben kinder die erstaunt
Vor deinem herrschertritt doch nicht verzagt
Uns sammeln wenn ein waffenknecht posaunt
Dass in dem freien feld dein banner ragt.

Wir ziehn zur seite unsres strengen herrn
Der sichtend zwischen seine streiter schaut
Kein weinen zieht uns ab von unsrem stern
Kein arm des freundes und kein kuss der braut.

In seinen blicken lesen wir erfreut
Was uns erkannt ist im erhellten traum
Ob ehre oder dunklen zug gebeut
Sein abgeneigter sein erhobner daum.

Was uns entzückt verherrlicht und befreit
Empfangen wir aus seiner hand zum lehn
Und winkt er: sind wir stark und stolz bereit
Für seinen ruhm in nacht und tod zu gehn.

XXIV

Uns die durch viele jahre zum triumfe
Des grossen lebens unsre lieder schufen
Ist es gebühr mit würde auch die dumpfe
Erinnrung an das dunkel vorzurufen:

Das haupt gebettet folgte noch in stummer
Ergebung alten ehren siegen straussen ..
Blumen der frühen heimat nickten draussen
Und luden schaukelnd ein zum langen schlummer.

Und jenes lezte schöne bild ist sachte
Zurückgesunken in der winde singen.
Kein freund war nahe mehr · sie alle gingen
Nur Er der niemals wankte blieb und wachte.

Mit der betäubung wein aus seinem sprengel
Die dichten schatten der bedrängnis hindernd
Des endes schwere scheideblicke lindernd
So stand am lager fest und hoch: der engel.

DER TEPPICH

Hier schlingen menschen mit gewächsen tieren
Sich fremd zum bund umrahmt von seidner franze
Und blaue sicheln weisse sterne zieren
Und queren sie in dem erstarrten tanze.

Und kahle linien ziehn in reich-gestickten
Und teil um teil ist wirr und gegenwendig
Und keiner ahnt das rätsel der verstrickten..
Da eines abends wird das werk lebendig.

Da regen schauernd sich die toten äste
Die wesen eng von strich und kreis umspannet
Und treten klar vor die geknüpften quäste
Die lösung bringend über die ihr sannet!

Sie ist nach willen nicht: ist nicht für jede
Gewohne stunde: ist kein schatz der gilde.
Sie wird den vielen nie und nie durch rede
Sie wird den seltnen selten im gebilde.

Urlandschaft

Aus dunklen fichten flog ins blau der aar
Und drunten aus der lichtung trat ein paar
Von wölfen · schlürften an der flachen flut
Bewachten starr und trieben ihre brut.

Drauf huschte aus der glatten nadeln streu
Die schar der hinde trank und kehrte scheu
Zur waldnacht · eines blieb nur das im ried
Sein end erwartend still den rudel mied.

Hier litt das fette gras noch nie die schur
Doch lagen Stämme · starker arme spur ·
Denn drunten dehnte der gefurchte bruch
Wo in der scholle zeugendem geruch

Und in der weissen sonnen scharfem glühn
Des ackers froh des segens neuer mühn
Erzvater grub erzmutter molk
Das schicksal nährend für ein ganzes volk.

Der Freund der Fluren

Kurz vor dem frührot sieht man in den fähren
Ihn schreiten · in der hand die blanke hippe
Und wägend greifen in die vollen ähren
Die gelben körner prüfend mit der lippe.

Dann sieht man zwischen reben ihn mit basten
Die losen binden an die starken schäfte
Die harten grünen herlinge betasten
Und brechen einer ranke überkräfte.

Er schüttelt dann ob er dem wetter trutze
Den jungen baum und misst der wolken schieben
Er gibt dem liebling einen pfahl zum schutze
Und lächelt ihm dem erste früchte trieben.

Er schöpft und giesst mit einem kürbisnapfe
Er beugt sich oft die quecken auszuharken
Und üppig blühen unter seinem stapfe
Und reifend schwellen um ihn die gemarken.

Gewitter

Die irren flämmchen allerwege sind erloschen
Ein jäher donner hat die hohe saat gedroschen
Der sturm der nacht zerspaltet das geäst im forste
Er stört der eber lager und der geier horste.

Der strenge könig sprengt aus seinem wolkenschlosse
Er folgt auf goldgeschirrtem pferd mit grossem trosse
Der falschen gattin die sich tummelt in den wettern
Und preisgegeben ist den zügellosen rettern.

Oft glaubt er mit der rauhen faust sie zu versichern
Doch sie entwindet sich mit einem leisen kichern –
Bis er sie festet... zwischen seines gürtels spangen
Und dem genick des pferdes ist sie quer gefangen.
Bezwungen schluchzend regt sie ihre blanken zähne
Und schüttelt zürnend ihre aufgelöste mähne
Um ihre nackten glieder spült der schiefe regen
Ihr kalter busen sieht gefasst der haft entgegen.

Die Fremde

Sie kam allein aus fernen gauen
Ihr haus umging das volk mit grauen
Sie sott und buk und sagte wahr
Sie sang im mond mit offenem haar.

Am kirchtag trug sie bunten staat
Damit sie oft zur luke trat..
Dann ward ihr lächeln süss und herb
Gatten und brüdern zum verderb.

Und übers jahr als sie im dunkel
Einst attich suchte und ranunkel
Da sah man wie sie sank im torf –
Und andere schwuren dass vorm dorf

Sie auf dem mitten weg verschwand..
Sie liess das knäblein nur als pfand
So schwarz wie nacht so bleich wie lein
Da sie gebar im hornungschein.

Lämmer

Zu dunkler schwemme ziehn aus breiter lichtung
Nach tagen von erinnerungschwerem dämmer
In halbvergessner schönheit fahler dichtung
Hin durch die wiesen wellen weisser lämmer.

Lämmer der sonnenlust und mondesschmerzen
Ihr keiner ferngeahnten schätze spürer!
Lämmer ein wenig leer und eitle herzen
Stolz auf die güldnen glocken eurer führer!

Alternde uns! in eurem geiste junge!
Lämmer von freuden die für uns erkühlen
Lämmer mit schwerem schritt mit leichtem sprunge
Mit einem heut kaum mehr begriffnen fühlen!

Vorsichtige! vor keinen hängen scheue!
Lämmer der wolumfriedigten zisternen
Lämmer zu alter doch bewährter treue
Lämmer der schreckenlosen fernen!

Herzensdame

In enger gasse winkelreichem düster
Lief aus der Kirche angsterfüllt der küster
Und rief den frommen frauen seiner pfarre
Dass jezt das gnadenbild nach oben starre

Dass seine lippen redend offen stünden..
Sie kamen denkend ihrer lezten sünden
Sie warfen sich zu boden vor dem wunder –
Auch die gerechten zitterten jetzunder.

Es wurde nacht und tief erschauernd wallten
Sie aus dem tor.. nur sie in weissen falten
Die als die erste kam und deren name
Getreue ist und schöne herzensdame

Sie hatte nur das zeichen wahr gesehen
Ganz offen war es nur vor ihrem flehen –
Sie schritt mit leicht geneigtem haupt in blauer
Verzückung und in wunderbarer trauer.

Die Maske

Hell wogt der saal vom spiel der seidnen puppen.
Doch eine barg ihr fieber unterm mehle
Und sah umwirbelt von den tollen gruppen
Dass nicht mehr viel am aschermittwoch fehle.

Sie schleicht hinaus zum öden park · zum flachen
Gestade · winkt noch kurz dem mummenschanze
Und beugt sich fröstelnd übers eis .. ein krachen
Dann stumme kälte · fern der ruf zum tanze.

Keins von den artigen rittern oder damen
Ward sie gewahr bedeckt mit tang und kieseln
Doch als im frühling sie zum garten kamen
Erhob sich oft vom teich ein dumpfes rieseln.

Die leichte schar aus scherzendem jahrhundert
Vernahm wol dass es drunten seltsam raune..
Nur hat sie sich nicht sehr darob gewundert
Sie hielt es einfach für der wellen laune.

Die Verrufung

Geht ein weg noch hinter den weidenstümpfen
Wo die halme sich vor dem wetter ducken?
Führt dieser fluss dich nicht fort zu den giftigen sümp-
fen
Wo die grünlichen lichter zusammenzucken?

Schlangen erheben sich · ihre verderblichen schlünde
Recken entgegen die schnellen und glühenden zungen
– Reiter! lebe nur über der einen sünde –
Hasse den einen bis dein hass ihn bezwungen!

Nur der tote löst dich vom wilden drange
Bricht das grollen der erstickenden stimme

Kühlt den brand auf der verlezten wange..
Rufe bis er hier vorüber schwimme!

Lippe bleich die keinen zwist mehr schaffe!
Arme schlaff die nie mehr schlagen mögen!
In dem busen noch die blanke waffe
Treibt er durch die höhlen brückenbögen..

Der Täter

Ich lasse mich hin vorm vergessenen fenster: nun tu
Die flügel wie immer mir auf und hülle hienieden
Du stets mir ersehnte du segnende dämmrung mich zu
Heut will ich noch ganz mich ergeben dem lindernden frieden.

Denn morgen beim schrägen der strahlen ist es geschehn
Was unentrinnbar in hemmenden stunden mich peinigt
Dann werden verfolger als schatten hinter mir stehn
Und suchen wird mich die wahllose menge die steinigt.

Wer niemals am bruder den fleck für den dolchstoss bemass
Wie leicht ist sein leben und wie dünn das gedachte
Dem der von des schierlings betäubenden körnern nicht ass!
O wüsstet ihr wie ich euch alle ein wenig verachte!

Denn auch ihr freunde redet morgen: so schwand
Ein ganzes leben voll hoffnung und ehre hienieden..
Wie wiegt mich heute so mild das entschlummernde land
Wie fühl ich sanft um mich des abends frieden!

Schmerzbrüder

So zieht ihr im düster und euer geleit
Ist lächelnder strahl – ihr die sinkende zeit.
Da alles gesagt ist in stummem verein
Ihr fühlet gefasst die unwendbare pein:

Wer ganz sich verschenkt wie er wenig empfängt
Und blühende stirn in die fernen nur drängt.
So zieht ihr im düster und euer geleit
Ist lächelnder strahl – ihr die sinkende zeit.

Und manchmal noch wenn euch ein milderer ton
Ein engeres schmiegen wie rührung und lohn
Und wenn euch ein deutendes schweigen umfliesset
Erscheint es dass leis eine hoffnung euch spriesst:

Mit zitternden armen am busen gepresst
So haltet den ziehenden abend ihr fest
Ob er für die einzige stunde nun säumt..
Doch euer geleit hat vom morgen geträumt.

Der Jünger

Ihr sprecht von wonnen die ich nicht begehre
In mir die liebe schlägt für meinen Herrn
Ihr kennt allein die süsse · ich die hehre ·
Ich lebe meinem hehren Herrn.

Mehr als zu jedem werke eurer gilde
Bin ich geschickt zum werke meines Herrn
Da werd ich gelten · denn mein Herr ist milde
Ich diene meinem milden Herrn.

Ich weiss in dunkle lande führt die reise
Wo viele starben · doch mit meinem Herrn
Trotz ich gefahren · denn mein Herr ist weise
Ich traue meinem weisen Herrn.

Und wenn er allen lohnes mich entblösste:
Mein lohn ist in den blicken meines Herrn.
Sind andre reicher: ist mein Herr der grösste
Ich folge meinem grössten Herrn.

Der Erkorene

Sie grüssen dich laut zur schönern geburt
Den dunkel umfing verherrlicht ein schein.
Was schwer sich erwirbt ward früh dir bestimmt
Dir gaben den preis die meister im lied.

Was huldigt erhöht du nahmest es zag
Die stirne geneigt doch froh dir bewusst
Wie jeglichem ding in ehrfurcht genaht –
So zogest du gern dem leben entlang

Mit prüfendem blick und liebend allein
Und griffest nur zu mit lauterer hand
In frommer beschau mit rühmlicher scheu:
Dem reicheren trieb des edleren tiers.

Was heute dich krönt wird dornige last
Dem jemals es welkt. der selbst sich nicht wahrt.
Nur wenn du noch ehrst bist du dir noch treu
Dann bleibt wie du dir o jüngling der kranz!

Der Verworfene

Du nahmest alles vor: die schönheit grösse
Den ruhm die liebe früh-erhizten sinns
Im spiel · und als du sie im leben trafest
Erschienen sie verblasst dir nur und schal.

Du horchtest ängstlich aus am weg am markte
Dass keine dir verborgne regung sei..
In alle seelen einzuschlüpfen gierig
Blieb deine eigne unbebaut und öd.

Du fandest seltne farben schellen scherben
Und warfest sie ins wirre blinde volk
Das überschwoll von preis der dich berauschte..
Doch heimlich weinst du – in dir saugt ein gram:

Beschämt und unstät blickst du vor den Reinen
Als ob sie in dir läsen.. unwert dir
So kamst du wol geschmückt doch nicht geheiligt
Und ohne kranz zum grossen lebensfest.

Rom-Fahrer

Freut euch dass nie euch fremdes land geworden
Der weihe land der väter paradies
Das sie erlöst vom nebeltraum im norden
Das oft ihr sang mehr als die heimat pries.

Dort gaukelt vor euch ein erhabnes ziel
Durch duft und rausch in marmor und paneelen
Dort lasset ihr vom besten blute viel
Und ewig fesselt eure trunknen seelen

Wenn euch verderbenvoll der schöne buhle ..
Wie einst die ahnen denen dürftig schien
Die kalte treue vor dem fürstenstuhle:
Wunder der Welt! Und sänger konradin!

Durch euer sehnen nehmt ihr ewig teil
An froher flucht der silbernen galeeren
Und selig zitternd werfet ihr das seil
Vor königshallen an den azur-meeren.

Das Kloster

Mit wenig brüdern flieht die lauten horden
Eh eure kraft verwelkt im kalten gift
Erbaut nach jungem wunsch das friedensstift
In einem stillen tal für euren orden.

Gewiegt von gleicher stunden mildem klang
Ist euch der keuschen erde arbeit heilig
Der tag verrinnt im wirken siebenteilig
Euch und der reinen schar die ich euch dang.

Umschlungen ohne lechzende begierde
Gefreundet ohne bangenden verdruss –
So flieht im abend schluchzend wort und kuss ..
Und solches ist der frommen paare zierde:

Von ebnem leid von ebner lust verzehrt
Zur blauen schönheit ihren blick zu richten
Geweihtes streben göttlichstes verzichten –
Wie einst ein mönch aus Fiesole gelehrt.

Wahrzeichen

So ist bei euch das los: nach kurzen fristen
Der stolzen blüte hausen lichtverächter
Mit rohem schwärmen und die vipern nisten
Nur heimlich sind dem zarten keime wächter.

Dann sucht der frühen bildner herbe wonnen
Und holt euch rates wie sich mut gewinne
Vorm keuschen zauber heimischer madonnen
Und eurer ganzen schönheit höchster zinne

Holbeim dem einzigen .. im rauen sturme
Beschützt die glorienschar vom Rhein und Maine ..
Und dorrt das land vom unfruchtbaren wurme:
Das heilgtum steht unberührt im haine.

Bescheidet euch mit alten leidensregeln!
Der glanz der war bringt wenn auch späte spende
Die geister kehren stets mit vollen segeln
Zurück ins land des traums und der legende.

Jean Paul

Wenn uns Stets-wandrern und die heimat schmälend
Zu ihr die liebe schönerer nachbar würgt
So rufst du uns zurück – verlockend quälend
Du voll vom drange der den Gott verbürgt.

In dir nur sind wir ganz: so wirkt kein weiser
Der grauen gaue zwischen meer und kolk ..
Du sehnenvoll des heitren südens preiser –
Wie unser breites etwas schlaffes volk

In trübem dämmer bergend stahl und zunder
Draus gluten fahren grell und schillernd mild
Du bist der führer in dem wald der wunder
Und herr und kind in unsrem saatgefild.

Du regst den matten geist mit sternenflören
Dann bettest du den wahn auf weichem pfühl..
Goldharfe in erhabnen himmels-chören
Flöte von Maiental und Blumenbühl!

Standbilder · die beiden ersten

Im maasse mit der landschaft wuchs dein haus
Nicht höher als der nahe baum es sinnt.
Hier weihen töchter dir ihr reines haar
Und söhne schliessen glühend grossen bund.

Du siehst in blauer klarheit deine schar
Stets für dein heiter tiefes fest bereit
Die ihres leibes froh und seiner lust
Und stolz und lächelnd zwischen blüten geht. –

In wolkige nebel deuten deine türme
Beflügelt floh der geist die schwere scholle
Der körper muss zermalmt zum himmel streben
Der spröde stein in immer zartern rosen.

Wenn dein kasteiter über-spitzer finger
Sich faltet weiss dein weit erhobnes auge
Dass sich im frommen rausch die kniee lösen
Das ganze volk vorm wunder schluchzt und zittert.

Standbilder · das dritte

Wie dacht ich dich mir schön – verhüllte frau!
Von weichem zauber dass du durch jedweden
Betrübten tag hindurch noch an ein eden
Den glauben wecktest hinter berg und bau!

Hat oft das allzu träge blut gestockt
Wie wusstes du mit einem blitz die untern
Die müden kranken irren zu ermuntern!
Wie ist die macht die stets uns fürder lockt? ..

Du kind bemerktest nie: was euch befahl
So fortzuschreiten sei nur not und schauer..
Sie färbten dir die fernen hügel blauer
Und qualen löst ich meist mit frischer qual.

Da du nicht länger säumen magst so heb
Die hülle – sie wird jezt dir nicht mehr frommen..
Nun sieh was du die jahre hin genommen
Für demant-tüpfel schimmernd durchs geweb!

Standbilder · das vierte

Wenn heut sie naht mit würdig festem gange
Und strengem blick trifft sie nicht mehr enteiler –
Ihr ist nun auch im marmorbau ein pfeiler
Und beter beugen wir uns edlem zwange.

Denn früher schauderten wir ihr zu dienen
Gespielen! weisst du? Zweig von fremdem stamme
Du Kuss der dämmerung! du des morgens Flamme!
Sobald sie mit den starren kalten mienen

Die bucht betrat wo unsre reigen schwangen
So rafften wir soviel vom farbigen tande
Als lustverwöhnte arme nur umschlangen
Und stiessen ab vom heimgesuchten strande

Mit unsrem überquellend vollen kahne
Mit wimpel sang und klang mit frau und knabe
Aufs helle meer wo sich für unsre habe
Der weg zum nächsten frohen eiland bahne!

Standbilder · das fünfte

Ich bin es einzig die auch euch die klugen
Zur irre reisst · wenn meine lider schlugen
Sind eure festen bauten mürb und öd
Ihr ziehet hinter mir wie kinder blöd.

Euch selber fremd seid ihr nur meine knechte
Vergesset eure taten wünsche rechte ..
Ihr traget meine qual und nennt kein wie
Ein göttlich rasen zwinget euch ins knie.

Erfind ich euch die grausamsten gesetze
Dass keinen meiner lippe süsse letze
Der eine gunst genoss in meinem schoss:
Ihr fraget nicht.. ihr glaubt und duldet bloss.

Ich bins die eure engen himmel ändert
Einmal in weite blut- und strahlumrändert..
Dass euch der abgrund hallt wie schwacher schrei
Und todes fluch wie klingen der schalmei.

Standbilder · das sechste

Dreh ich in meinen händen die rötlichen urnen
Dann spähe ich durch den rest der verwitterten krust
Glieder der stattlichen die in kämpfen turnen
Spiele der badenden und ihre lust.

An den engeln mit quälendem glanze verglast
Such ich die pochenden adern und drängenden rippen
Brenne von gluten die in ihren bildnern gerast
Heiligen marmor befeuchten die frevelnden lippen.

Angst und verlangen erwecken die klingenden namen
Prächtiger fürsten und führer in gold und rubin –
Ihre köpfe beschaun mich aus rissigem rahmen
In ihrem silbrigen dunkel und blassen karmin..

Und ich frage: wie hat dieser haare zier
Und dieses blickes die früheren wesen umzingelt!
Wie dieser mund hier geküsst zu dem die begier
Sinnlos hinan als rauch ohne flamme sich ringelt!

Der Schleier · das siebente

Ich werf ihn so: und wundernd halten inne
Die auf dem heimischen baumfeld früchte kosten ..
Die ferne flammt und eine stadt vom Osten
Enttaucht im nu mit kuppel zelt und zinne.

Einst flog er so empor: und öde schranken
Der häuser blinkten scheinhaft durch die nässe
Es regte sich die welt in silberblässe –
Am vollen mittag mondlicht der gedanken!

Er wogt und weht: und diese sind wie hirten
Der ersten tale · jene mädchen gleiten
Wie sie die einst im rausch der Göttin weihten..
Dies paar ist wie ein schatten unter mirten.

Und so gewirbelt: ziehen sie zu zehnen
Durch dein gewohntes tor wie sonnenkinder –
Der langen lust · des leichten glückes finder..
So wie mein schleier spielt wird euer sehnen!

DIE LIEDER VON TRAUM UND TOD

Blaue Stunde

An Reinhold und Sabine Lepsius

Sieh diese blaue stunde
Entschweben hinterm gartenzelt!
Sie brachte frohe funde
Für bleiche schwestern ein entgelt.

Erregt und gross und heiter
So eilt sie mit den wolken – sieh!
Ein opfer loher scheiter.
Sie sagt verglüht was sie verlieh.

Dass sie so schnell nicht zögen
So sinnen wir · nur ihr geweiht
Spannt auch schon seine bögen
Ein dunkel reicher lustbarkeit.

Wie eine tiefe weise
Die uns gejubelt und gestöhnt
In neuem paradeise
Noch lockt und rührt wenn schon vertönt.

Dünenhaus

An Albert und Kitty Verwey

Ist ein dach noch das so tiefen friedens
Freien stolzes neben solcher fülle –
Düster-mütigen starren gast
Lud und hielt und fern oft winkte?

Wo ihr gern erforscht wann meine seele
Euch umarmt · wann ihr sie ewig fliehe!

Sinnend wenn die schatten weich
Abends über Holland sinken..

Milde reden schmeicheln in den binsen
Zu der wellen schlag · doch starke stimmen
Lauern immer · wenn ihr ton
Rauscht im frischen meereswinde

Schont Er keine trauer · schiffe pfeifen
Städte sind voll lust und kampf: »so irrte
Sonnensohn an wolken hin
Starb im rasen nach dem glücke«

Ein Knabe der mir von Herbst und Abend sang I

I An Cyril Meir Scott

Sie die in träumen lebten sehen wach
Den abglanz jener pracht die sie verliessen
Um gram und erde · und sie weinen stille
Die stunden füllend mit erinnerung

Ans blaue ufer wo mit sanftem tritt
Goldflügel-kinder wandeln und die müden
Vom kerker eben freien seelen grüssen
Die noch verwirrt die blöden blicke drehn

In dem erstaunend hellen wunderland..
So helft euch aus der wahrheit – mitgefangene!
Es bleibt für euch noch eines lächelns schatten
Wenn euer beider leben auch gebannt

Jezt wieder schmachten muss in grabesluft.
Ein flüchtiger blick in euren gittern zündend
Belebt die hoffnung eurer engen wüste ..
Und bleich und plötzlich küsst ein strahl dein haar.

Ein Knabe der mir von Herbst und Abend sang II

Ihr kündigtet dem Gott von einst die liebe –
Nun zeigt er sich mit rachevoller braue:
Ihr nanntet joch mein kostbares gesetz
Ihr lasst mein haus zu beugungen zu stolz.

Neigt ihr euch jezt nicht schmählicherem dienste?
Ermattet er nicht die gewundnen arme
Mehr als die klanges-kette die ihr bracht?
Ruft ihr nach gnade nicht und wacht und weint?

Ja wie wir einst voll demut und verlangen
Uns zu des Heilands blutigen füssen bückten
So knien wir huldigend dem neuen Gott
Und zittern und verzückung wie zuvor

Erhöhen uns doch andere mitgefühle
Verzehrender und weniger verzichtend
Wenn schweres licht des beter-abends sinkt
In gold und purpurscheiben unsres doms.

Ein Knabe der mir von Herbst und Abend sang III

Ich stand im Sommer wartend – mit erbleichen
Seh ich nun schon das scharlach-banner wehen
Es winkt dem tanz der ernter mit dem grabe
Mit ungepflückter frucht zerzaust vom sturme.

Nun schwindet mir der sorgenlosen glaube
Nun eil ich in der kargen frist und pflücke
Von dem was blieb und binde laub und blumen
Halbwelke wunder meiner grames-hand.

Die hand mit widmender verehrung hebt
Beschämt empor dir die verstreuten gaben –
So wenig von erträumter pracht ein zeichen
Wenn auch von mancher seltnen träne leuchtend..

So wenig eine wahl von edelsteinen
Die ich dir vom geschick erobern wollte
Als je die mär von flammen-hass und -liebe
Kund wird durch diese brechend leise stimme.

Juli-Schwermut

An Ernest Dowson

Blumen des sommers duftet ihr noch so reich:
Ackerwinde im herben saatgeruch
Du ziehst mich nach am dorrenden geländer
Mir ward der stolzen gärten sesam fremd.

Aus dem vergessen lockst du träume: das kind
Auf keuscher scholle rastend des ährengefilds
In ernte-gluten neben nackten schnittern
Bei blanker sichel und versiegtem krug.

Schläfrig schaukelten wespen im mittagslied
Und ihm träufelten auf die gerötete stirn
Durch schwachen schutz der halme-schatten
Des mohnes blätter: breite tropfen blut.

Nichts was mir je war raubt die vergänglichkeit.
Schmachtend wie damals lieg ich in schmachten-
der flur
Aus mattem munde murmelt es: wie bin ich
Der blumen müd · der schönen blumen müd!

Feld vor Rom

An Ludwig von Hofmann

Von höhen maassen wir die abendgegend
Der welten trümmer sich im glanze regend
Wir treten in die fluren öd und streng
Von nah und fern ein hauch macht bang und eng.

Denn mussten wir vor aufgehäuftem prunke
Vor grosser gruft glorreichem säulenstrunke
Weniger weinen? und was war uns seit
Der kronen zier – der völker herrlichkeit!

Wir fühlen scheidend: säen oder roden
Verwehrt den schmerzlichen der stolze boden..
Sieh! weit in wolken schein des ewigen tors
Und blut- und veilchenfalten eines flors

Auf wehem grün der welligen ebne fliegend
Frascati bleicher an den berg sich schmiegend..
Noch einmal halt an diesem hügel still
Pflückend die schattenlilie asphodill.

Südliche Bucht

An Ludwig von Hofmann

An grünen klippen laden selige gärten
Wo blumen sich mit blauen wogen mengen
Und frühe winde zart und glühend sprengen
Um den Gebundnen die metallnen härten.

In lila-himmel streuen berge funken –
Hier lockt die dämmerung der saffirgrotte
Dort in verklärte fernen zieht die flotte..
Ihn hat ein schauer jung geküsst und trunken

Dass er berührt vom spiel gewiegter hüfte
Den einen namen seufze sage singe..
Und starker odem in dem zauberringe
Wie wein und honig meer und tempelgrüfte

Hat ihm in traumes ruhe-reich verholfen..
Wo er in lied und segen der zipresse
Sein kaltes land und steiles werk vergesse
Langsam sich lösend vor den purpurgolfen.

Winterwende

An Clemens Franckenstein

Ist von mond – von sonne dieser glanz?
Auf verstorbne wege von Byzanz
Bricht er schaudernd flammt er grell
Hain und halle macht er hell.

Spiegelt eine flur von freuden vor
Euch verwaisten gängern bei dem tor
Dass ihr staunt und weint und euch vergesst
Lippe an lippe stumm gepresst.

Welch ein wunder in dem dürren jahr!
Mögt ihr nie an einer totenbahr
Mögt ihr nie im raume kalt und klein
Dies vergessen *diesem* lerne sein!

Eure blicke taten – wach und kühn
Die bis tief hinein ins dunkel sprühn
Scheidend ahnen sie und mahnen sie:
Solch ein strahl erbleicht uns nie ..

Den Brüdern

An Leopold Andrian

Als unsre schnelle jugend noch nicht wählte
Im edlen preisen und verwerfen gleich
War unsre liebe für das viel geschmälte
Für unser: euer sieches Oesterreich.

Wir – wie ihr – zeigten glücklichen barbaren
Dass höchster stolz ein schönes sterben sei..
Bis wir bemerkt wie sehr wir lebend waren
Da schlossen wir uns stärkern trieben bei.

Vernahmen vor uns reiche fülle kreisen
Und frische wünsche traten uns zunächst..
Da wollten wir euch freundlich an uns reissen
Mit dem was auch in euch noch keimt und wächst.

Denn dazu lieben wir zu sehr euch brüder
Um zu geniessen nur als spiel und klang
An euch die schwanke schönheit grabes-müder
An euch den farbenvollen untergang.

Die Ebene

An Carl August Klein

Silberne himmelsferne spannt
Ueber der endlosigkeit deiner ruhenden ebene.
Suchest du sinnend darin das uns beiden gegebene
Zwischen den furchen seit jahren verkannt?

Unter der weiden frühem erblühn
Horchen die kinder entzückt einer scherzenden flöte
In die veilchenwolkige blendende röte
Hüpfen und tanzen sie hoffend und kühn.

Greisin kehrte sich von dem schimmernden tand
Zu dem gemilderten glanze der fichten drüben
An den beglückenden gräbern die treue zu üben –
Ahndevoll raunt sie vom anderen land.

Und – denen flitternde hülle wol riss
Aber wie wir noch von irdischen wünschen genährte
Sucher du im bilde sie? fürchtest du · bleicher gefährte
·
Unsren zug zur finsternis?

Fahrt-Ende

An Richard Perls

Wir schritten redend auf den tempeldielen
Du klagend über siecher welten fäule
Ich sah ein kämpferfeld mit weiten zielen
Und stand ein jüngling herrisch an der säule.

Du hörtest staunend mich nach langem wandern
Noch schwärmen für das unverlierbar stete
An weichen nebel-abenden in Flandern
Wo brünstig flammen zucken durch gebete.

Dann liess ich dich zu masslosen Titanen
Und einsam steigen zu den grausen Müttern.
Ich hasste die vergeblich dunklen bahnen..
Nun deine trauerboten mich erschüttern.

Wall ich verträumt wohin du gern entflohest
Zu grüner nacht der schaurigen pagode
Des nicht-mehr-suchens nicht-mehr-tuns: so drohest
Als überwinder du bei deinem tode.

Gartenfrühlinge

Schimmer aus lichtgoldnem blatte
Treibt aus dem waldigen finster ..
Dass die bescheidene ginster
Ruhe der trauer beschatte!

Nah in den gärten durften die mandeln
Dort sah ich augen voll glut und traum
Ich will die gärten wieder durchwandeln
Hände baden im blumigen flaum.

Seltnerer vögel gefieder
Büsche in zierlichen kegeln!
Trunkene falter segeln
Reicher ertönen dort lieder.

Kostbarer wie sie die quelle verstreut
Schmächtigem springbrunn funken entstieben ..
Werden sie leuchten leuchten mir heut?
Werd ich die süssen traum-augen lieben?

Morgenschauer

Lässt solch ein schmerz sich nieten
Und solch ein hauch und solch ein licht?
Der morgen sich gebieten
Der fremd und selig in uns bricht?

Wie durch die Seele zogen
Die Pfade – dann durch das gefild.
Gelinde düfte sogen
Dann gossen sie sich schnell und wild.

Trüb wie durch tränen schwimmen
Der baum · das haus das uns empfängt.
Ein weisses festtag-glimmen
Der Kirschenzweig der überhängt.

Ein rauschendes geflitter
Entzückt und quält – macht schwer und frei ..
Ein schwanken süss und bitter
Ein singen sonder melodei ..

Das Pochen

Dies pochen sagt uns was wir liessen
Das an der leeren stätte quillt
Wo unsre freude scheidend winkte.
Nicht stunde mehr nicht weg mehr gilt!

Wie wir im schlafe wandelnd irren!
Wie es bei allen worten schrillt
Die uns gleich ihren lezten klingen!
Wie jeder stein uns nun vergilt

Dass wir solang nur uns erblickten..
Wie es im raum beklemmt und schwillt
Den dingen nahe die sie liebte ..
Wie wir zu bannen wol gewillt

– Weil um die sucht so kleinen zieles
Die ernste tat uns fragt und schilt –
Doch diesem pochen nicht gebieten
Das erst die wehmut langsam stillt!

Lachende Herzen

Lachende herzen die ihr die freude schauet
Als ein mädchen von wolken herniederwandelnd
Gaben verteilend um die ihr als einziges werbet
Wachsender hoffnung von einem zum andern fest:

Die ihr die lieblichsten sonnenstrahlen vereinet
Auf der zartblumigen wangen gerötetem schmelze
Dunkle tage verschmerzend als kurze busse
Schwere gedanken verbietet anmutig flehend:

Tanzende herzen die ich bewundre und suche
Gern mich erniedernd dass ich eure bälle nicht hemme
Die ihr mich rühret ihr leichten – uns ganz erfüllet
Die ich verehre dass selber ihr lächelnd erstaunet:

Die ihr mich schlinget in euren geselligen reigen
Nimmer es wisst wie nur meine verkleidung euch ähnelt
Spielende herzen die ihr als freund mich umfanget:
Wie seid ihr ferne von meinem pochenden herzen!

Flutungen

Erst ging sie voll und litt an zu viel licht.
Der gaben schatz den huldigung ihr bot

Erwog sie kaum und misste oft das glück
Im starren stolz der jugend die nicht spricht.

Sie wuchs sie zog hinaus und sie umwarb
Was nun entrann · sie sah mit heissem wunsch
Den lebenden die sie nicht liebten nach
Den toten all von ihr noch ungeliebt.

Da stand sie einst mit ihrem schmerz · der schien
Ihr leicht und leer · sie blickte prüfend um
Und fröstelte · so sagt dem blinden kind
Die kühle an dass schon der abend kam.

Nun reisst und rinnt von neuem früheres weh
Ihr ist wie sonst dass jede fiber fühlt..
Dass vieles ging · nur gleich im wechsel blieb
Was sie ergreift was sie noch immer sucht.

Tag-Gesang

I

So begannst du mein tag:
Von verheissungen voll
Aus dem kindlichen tale
Ein jauchzen erscholl.

Du ergingst dich in strahlen
Bekränzt und erlaucht
Hast dein schimmerndes haar
Dann in blüten getaucht.

In umschwärmendem chor
Und in zitternder jagd
Nach den wiesen die woge
Nach silber smaragd

So folgen dir froh
Die dein lächeln erkürt..
O mein tag mir so gross
Und so schnell mir entführt!

Tag-Gesang

II

Bewältigt vom rausche noch
    sah ich ihm nach
Er wandte sich dem der ihn
    liebend besprach.

Mein lob sich auf fittichen
    hin zu ihm schwang
Bis ganz ihn im westen
    die wolke umschlang.

Um wen soll ich werben mit
    minderem hall
Da nichts wie Er gross ist und
    nichts wie Er all!

So schritt ich vertrauert und
    horchte mit fleiss
Zu schluchten gebeugt auf ihr
    dunkles geheiss.

Tag-Gesang

III

An dem wasser das uns fern klagt
Wo die pappel sich lind wiegt
Sizt ein vogel der uns gern fragt
Der im laube sich dem wind schmiegt.

Und der vogel spielt leis auf:
Flur und garten sind vom blühn tot
Jedes weiss sich schön im kreislauf.
Sieh die gipfel vor dir glühn rot!

Nur erinnrung lässt als traumsold
Der zu glücklichern seinen zug lenkt
Seiner hand entrieselt traumgold
Das er früh und nur im flug schenkt.

Heb das haupt das sich bang neigt
Ob aus tiefen ein gesicht winkt –
Und so warte bis mein sang schweigt
Und so bleibe bis das licht sinkt.

Nacht-Gesang I

Mild und trüb
Ist mir fern
Saum und fahrt
Mein geschick.

Sturm und herbst
Mit dem tod
Glanz und mai
Mit dem glück.

Was ich tat
Was ich litt
Was ich sann
Was ich bin:

Wie ein brand
Der verraucht
Wie ein sang
Der verklingt.

Nacht-Gesang II

Mich erfreute der flug
Aller tiefdunklen pracht
Aller ernten voll glut
Aller seufzer der nacht

Und von frauen die schar
Die uns lenkend uns fröhnt
Sie im wallenden haar
Sie im tanz erst so schön.

Und der jünglinge chor
Der mich feurig gegrüsst
Deren wort ich belobt
Deren scheitel geküsst.

Erst an euch hab ich spät
Hohe freunde gefühlt
Was uns mählich zerfällt
Und was ewig uns glüht.

Nacht-Gesang III

Sei rebe die blümt
Sei frucht die betört
Dir lieb und gerühmt ..
Nur meide was stört

Was siecht und vermorscht
Was hastet und brüllt..
Von seltnen erforscht
Der menge verhüllt

Begehre das graun
Das schwellt nicht mehr sprengt –
Das schöne zu schaun
Das wärmend nicht sengt

Bis traumstill auf höhn
Der strahl in dir tauscht
In goldnem getön
Dein leben verrauscht.

Traum und Tod

Glanz und ruhm! so erwacht unsre welt
Heldengleich bannen wir berg und belt
Jung und gross schaut der geist ohne vogt
Auf die flur auf die flut die umwogt:

Da am weg bricht ein schein fliegt ein bild
Und der rausch mit der qual schüttelt wild.
Der gebot weint und sinnt beugt sich gern
»Du mir heil du mir ruhm du mir stern«

Dann der traum höchster stolz steigt empor
Er bezwingt kühn den Gott der ihn kor..
Als ein ruf weit hinab uns verstösst
Uns so klein vor dem tod so entblösst!

All dies stürmt reisst und schlägt blizt und brennt
Eh für uns spät am nacht-firmament
Sich vereint schimmernd still licht-kleinod:
Glanz und ruhm rausch und qual traum und tod.

Über tredition

Eigenes Buch veröffentlichen

tredition wurde 2006 in Hamburg gegründet und hat seither mehrere tausend Buchtitel veröffentlicht. Autoren veröffentlichen in wenigen leichten Schritten gedruckte Bücher, e-Books und audio-Books. tredition hat das Ziel, die beste und fairste Veröffentlichungsmöglichkeit für Autoren zu bieten.

tredition wurde mit der Erkenntnis gegründet, dass nur etwa jedes 200. bei Verlagen eingereichte Manuskript veröffentlicht wird. Dabei hat jedes Buch seinen Markt, also seine Leser. tredition sorgt dafür, dass für jedes Buch die Leserschaft auch erreicht wird.

Im einzigartigen Literatur-Netzwerk von tredition bieten zahlreiche Literatur-Partner (das sind Lektoren, Übersetzer, Hörbuchsprecher und Illustratoren) ihre Dienstleistung an, um Manuskripte zu verbessern oder die Vielfalt zu erhöhen. Autoren vereinbaren direkt mit den Literatur-Partnern die Konditionen ihrer Zusammenarbeit und partizipieren gemeinsam am Erfolg des Buches.

Das gesamte Verlagsprogramm von tredition ist bei allen stationären Buchhandlungen und Online-Buchhändlern wie z. B. Amazon erhältlich. e-Books stehen bei den führenden Online-Portalen (z. B. iBookstore von Apple oder Kindle von Amazon) zum Verkauf.

Einfach leicht ein Buch veröffentlichen: **www.tredition.de**

Eigene Buchreihe oder eigenen Verlag gründen

Seit 2009 bietet tredition sein Verlagskonzept auch als sogenanntes "White-Label" an. Das bedeutet, dass andere Unternehmen, Institutionen und Personen risikofrei und unkompliziert selbst zum Herausgeber von Büchern und Buchreihen unter eigener Marke werden können. tredition übernimmt dabei das komplette Herstellungs- und Distributionsrisiko.

Zahlreiche Zeitschriften-, Zeitungs- und Buchverlage, Universitäten, Forschungseinrichtungen u.v.m. nutzen diese Dienstleistung von tredition, um unter eigener Marke ohne Risiko Bücher zu verlegen.

Alle Informationen im Internet: **www.tredition.de/fuer-verlage**

tredition wurde mit mehreren Innovationspreisen ausgezeichnet, u. a. mit dem Webfuture Award und dem Innovationspreis der Buch Digitale.

tredition ist Mitglied im Börsenverein des Deutschen Buchhandels.

Dieses Werk elektronisch lesen

Dieses Werk ist Teil der Gutenberg-DE Edition DVD. Diese enthält das komplette Archiv des Projekt Gutenberg-DE. Die DVD ist im Internet erhältlich auf **http://gutenbergshop.abc.de**